Lh 5.
215.

LETTRE

DE
M. LE MARÉCHAL COMTE GÉRARD

A M. PASCALET,

Auteur d'une Biographie

DE

M. LE MARÉCHAL MARQUIS DE GROUCHY.

LETTRE

DE

M. LE MARÉCHAL COMTE GÉRARD

A M. PASCALET,

Auteur d'une Biographie

DE

M. LE MARÉCHAL MARQUIS DE GROUCHY.

Villiers-Saint-Paul (Oise), le 24 octobre 1842.

Monsieur le Rédacteur,

Je ne croyais pas avoir jamais à revenir sur les événemens militaires qui se sont passés, en 1815, à l'aile droite de l'armée, et dans lesquels quelques écrits intéressés m'ont fait figurer d'une manière si complètement contraire à toute vérité ; la réfutation concluante que j'ai faite, à plusieurs reprises, de ces assertions malveillantes m'autorisait à penser que je devais être affranchi pour toujours de la pénible tâche de rentrer encore dans ces fâcheux débats ; la lecture de la biographie de M. le maréchal Grouchy que vous venez de publier est venue m'apprendre que j'étais dans l'erreur, et je me vois de nouveau, et à mon grand regret, forcé de venir protester contre certains passages qu'elle contient, et de rétablir l'exactitude de faits si étrangement travestis par l'ignorance et la légèreté.

D'abord, page 42, vous dites :

« Étant descendu du moulin, l'Empereur demanda où était
« le corps d'infanterie du général Gérard, et quand il lui fut ré-
« pondu qu'il n'était pas encore à Fleurus, il en parut, assure-t-

« on, assez contrarié, et ce ne fut pas sans raison ; car ce corps,
« qui avait bivouaqué au Châtelet, devait avoir reçu l'ordre dès
« trois heures du matin, et eût dû être rendu à Fleurus entre
« sept et huit heures. »

Je fais taire la juste indignation que m'a causée ce paragraphe pour tâcher d'y répondre avec quelque calme. Dans tout ce qu'il contient, je déclare qu'il n'y a pas un seul mot de vrai ; c'est une fable inventée à plaisir, et le récit seul d'une circonstance connue de toute l'armée, et que je vais consigner ici, viendra la détruire de fond en comble et lui ôter jusqu'à l'ombre de la vraisemblance.

Voici le fait :

Ainsi que je l'ai dit dans mes premiers écrits, j'ai reçu l'ordre de départ à neuf heures et demie ; je l'attendais avec une telle impatience (que partageait d'ailleurs le général Excelmans) qu'aussitôt qu'il m'est parvenu, et afin d'éviter le plus petit retard, je suis allé moi-même au camp pour remettre mes troupes en mouvement et les conduire sur le terrain où elles sont arrivées, ainsi que moi, bien avant que l'Empereur ne parût ; ce qui m'a donné le temps, non-seulement de former mes trois divisions en colonnes serrées derrière et non loin du village de Ligny, mais encore de faire une reconnaissance assez étendue. Profitant du moment où mes troupes se reposaient, et dans la pensée que le 4ᵉ corps, qui prenait la droite de l'armée, pourrait bien être dirigé sur Sombref, j'ai voulu reconnaître, dans cette direction, l'espace qui nous séparait de l'armée prussienne : accompagné de mon chef d'état-major, de plusieurs de mes aides de camp et d'une faible escorte fournie par le 6ᵉ de hussards, je parcourus cette grande plaine qui était couverte de récoltes ; arrivé à une certaine distance de la ligne prussienne, je fis une à-droite pour continuer mes explorations ; mais, à ce moment, j'aperçus un gros de cavalerie ennemie qui se dirigeait grand train sur moi, et comme je n'étais pas là pour engager une affaire, je me retirai promptement. Dans cette retraite, qui se faisait dans des blés très élevés et de toute la vitesse de nos chevaux, le mien s'abattit dans un fossé, et je fus désarçonné; dès lors tout ce qui m'accompagnait s'arrêta, fit volte-face, et mit sabre en main; en un clin d'œil nous sommes atteints par cette cavalerie qui nous poursuivait : la mêlée fut très chaude pendant quelques minutes; l'intrépide Lafontaine (1), mon aide de camp, tua de sa main deux lanciers prussiens; il était aux prises avec un troisième, lorsque la lame de son sabre se brisa en deux; ce contre-temps ne lui fait pas lâcher son adversaire; au contraire, il s'en rapprocha, et continuait à le frapper du tronçon qui lui restait, lorsqu'il reçut à bout portant une balle dans les reins. Le brave général Saint-Remy, en se défendant, fut gravement blessé de plusieurs coups de lance; quelques hussards de mon escorte éprouvèrent le même sort. Au milieu de ce tumulte, un autre de mes aides de camp, M. Duperron (2), descendit de son cheval pour me le faire monter; mais l'animation des hommes et des chevaux même était si grande que je ne pus pas profiter de cette preuve d'un admirable dévouement, dont je conserverai le souvenir toute ma vie. Ce combat, si inégal et si dangereux pour notre petite troupe, ne pouvait pas durer longtemps; nous fûmes assez heureux pour qu'un régiment de chasseurs, placé à nos avant-postes, pût voir les dangers auxquels nous étions exposés; il n'hésita pas à se porter rapidement en avant pour venir à notre secours et nous dégager (3). Les Prussiens, qui s'aperçurent de ce mouvement, jugèrent prudent de ne pas attendre et de s'éloigner en toute hâte, ce qui nous permit de revenir tranquillement au camp. C'est seulement quelque temps après mon retour que l'Empereur arriva sur le champ de bataille; il monta, en effet, dans un moulin à vent et m'envoya chercher par un de ses officiers; lorsque je l'abordai, les premières paroles qu'il m'adressa

---

(1) Actuellement maréchal de camp, commandant le département de la Nièvre.
(2) Actuellement maréchal de camp, commandant à Saint-Étienne.
(3) Ce régiment était commandé par le fils de M. le maréchal de Grouchy, qui me l'a répété depuis.

étaient relatives à la défection du général de Bourmont : c'est là qu'il me dit que les blancs seraient toujours blancs et les bleus toujours bleus; tout cela fut très court, mais avec une bonté bien marquée; car, à l'instant même, l'Empereur me prit par le favori, et, me conduisant à une lucarne du moulin, il me montra du doigt le clocher du village de Ligny et me dit : « Monsieur « le général en chef, voilà votre point de direction; partez et « emportez le village (1). »

Le lendemain, 17, lorsque l'Empereur vint sur le champ de bataille de la veille, il me fit de nouveau appeler, et, en présence de tous les officiers et aussi, je crois, de M. le maréchal de Grouchy, il me dit les choses les plus flatteuses sur la conduite de mes troupes et de leurs chefs; si vous voulez bien prendre la peine de lire, dans le *Mémorial de Sainte-Hélène*, la relation de cette bataille, vous y trouverez la preuve irrécusable de la justice éclatante rendue, dans cette occasion, au 4ᵉ corps.

---

(1) Des détails sur cette entrevue, et absolument identiques, ont été donnés par le général Gourgaud, qui en était témoin, à MM. Méry et Barthélemy, qui les ont fait imprimer comme notes, à la suite de leur poème sur Waterloo.

(*Page* 70 *des notes.*)

L'Empereur, le 16 au matin, aussitôt que nous fûmes arrivés à la hauteur de Fleurus, se porta au galop sur la ligne des tirailleurs et, pour mieux reconnaître la position de l'ennemi, il monta dans un moulin qui se trouvait en avant de cette ligne et sur notre droite. Dans ce moment, j'aperçus le général Gérard, dont le corps d'armée, venant de Metz, avait passé la Sambre au Catelet; j'en informai l'Empereur, qui le fit appeler aussitôt : « Eh bien ! Gérard, lui dit-il, votre fameux Bourmont est donc redevenu « chouan ? Davoust avait bien raison de me dire qu'au moment du danger cet homme nous « abandonnerait. » Gérard exprima à S. M. combien il regrettait d'avoir été le protecteur de cet officier. « Mais, ajoutait-il, il s'était si bien conduit jusque-là, il me paraissait « si sincèrement dévoué à Votre Majesté, que tout autre, à ma place, eût été égale- « ment trompé. » L'Empereur répéta alors ce qu'il avait dit à Ney, sur le même sujet : *Les blancs sont blancs et les bleus sont bleus;* et prenant, en souriant, le général Gérard par un de ses favoris, il le plaça devant la lucarne d'où il découvrait toute l'armée prussienne, et lui dit : « Monsieur le général en chef du 4ᵉ corps, vous voyez bien au-delà du « ravin ce village, sur lequel s'appuie le centre des ennemis ; prenez son clocher pour « point de direction : c'est la clef de la position ; vous allez l'enlever. »

Ce village (Ligny) donna son nom à la bataille.

(*Journal du général Gourgaud.*)

A la page 95, vous annotez « qu'en quittant la Barraque, le
« maréchal laissa, pour le 4ᵉ corps, l'ordre de se diriger immé-
« diatement sur Limale. Par un fatal malentendu, cet ordre ne
« fut pas exécuté, et le 4ᵉ corps continua à se diriger sur Wa-
« vres où il n'arriva que fort tard. Disons cependant que la jour-
« née était déjà trop avancée pour qu'un mouvement, dans la
« direction du Mont-Saint-Jean, pût donner quelques résultats.
« La lettre du major-général était parvenue à M. de Grouchy,
« devant Wavres, à quatre heures et demie. La distance de
« Wavres à la Barraque est de deux lieues, et celle de la Barra-
« que à Mont-Saint-Jean de quatre lieues, à vol d'oiseau ; or,
« la bataille était perdue à sept heures, il aurait donc fallu que
« le 4ᵉ corps fît, pour arriver à temps, quatre lieues en moins
« d'une heure et demie, ce qui était physiquement impossible. »

Je crois avoir bien suffisamment expliqué, dans mes précé-
dens écrits, tout ce qui s'est passé à la Barraque, et je n'y re-
viendrai pas; toutefois, je dois affirmer de nouveau que l'ordre
de marche en avant ne fut pas donné; car je l'aurais reçu, puis-
que j'étais présent, et que, hiérarchiquement, il ne devait être
donné qu'à moi, et qu'eussé-je été absent, M. le général Vichery,
qui commandait mon arrière-garde, l'aurait reçu, ce qui n'a pas
eu lieu, et je le prouve d'abord par une lettre de cet officier général que je copie ici :

« Monsieur le Maréchal, je me rappelle très bien que ma
« division, formant l'arrière-garde du 4ᵉ corps, de Gembloux
« sur Wavres, le 18 juin 1815, est arrivée à l'endroit appelé la
« Barraque, à trois heures après-midi, et qu'elle a été dirigée
« sur les hauteurs du moulin de Bierge où je n'ai pas reçu, à la
« Barraque, l'ordre de marcher sur Saint-Lambert ; sans cela, je
« l'aurais exécuté.

« J'ai l'honneur, etc.

Signé le lieutenant-général VICHERY. »

Et par le passage suivant d'une lettre de M. le général Valazé :

« Tandis que nous étions à considérer les blessés de notre « avant-garde apportés à la Barraque, vint un colonel polonais « qui dit que Napoléon avait besoin de nous et qu'il comptait « sur notre coopération. Il fut encore question de marcher de la « Barraque à Saint-Lambert. Vous insistiez toujours sur ce mou-« vement, lorsque nous reprîmes la direction de Wavres; quand « nous y arrivâmes, les troupes du 3ᵉ corps étaient engagées « dans les premières maisons. »

Avant de terminer cette lettre, permettez-moi de faire quelques courtes réflexions sur la manière dont vous avez envisagé le conseil de marcher au canon, que j'ai donné à Sart-à-Walain, et que j'ai renouvelé à la Barraque, ainsi que vous pouvez vous en convaincre par l'extrait de la lettre du général Valazé. Votre argumentation et tous vos raisonnemens tendent surtout à établir que, dans la position des choses, M. de Grouchy ne devait pas le suivre. C'est une opinion qu'on peut soutenir ; mais je ne vois pas que vous ayez pris le meilleur moyen d'arriver au but que vous vous proposez, qui, sans nul doute, doit être de faire partager à vos lecteurs votre manière de voir sur ce point. Par exemple, vous vous appuyez sur deux seules citations qui, selon moi, ne vous apportent aucune aide. La première est un article de la *Renommée* que vous attribuez à Benjamin-Constant. Tout en reconnaissant le mérite incontestable et si éminent de ce célèbre publiciste, en matières politiques, tout le monde sait qu'il ne s'est jamais occupé de questions militaires, et, dans ce cas, son nom ne peut faire grande autorité. Il y a plus encore : cet article, dont vous voulez vous prévaloir, a déjà été produit dans une brochure (1) de M. le maréchal Grouchy, et alors le nom de M. de Jouy figurait en tête à côté de celui de Benjamin Constant. M. de Jouy, qui a été adjudant-général, a eu sans doute une part dans cette rédaction. Eh bien ! j'ai de ce spirituel et

(1) Publiée, en 1829, sous le titre de : *Fragmens historiques relatifs à la campagne de 1815*, page 50.

gracieux écrivain une lettre qui donne une approbation, sans restriction aucune, aux observations que j'ai publiées sur ce sujet et aux conséquences que j'en ai tirées.

Quant à l'emprunt que vous faites au général Jomini, il me semble, si je ne me trompe, qu'il est évidemment plus contraire que favorable au système que vous voulez défendre; pour en faire juger le public, je transcris ici une citation que je prends dans votre brochure : « Si la maxime de marcher au canon est fort « sage en général, il y a cependant des cas où elle peut être « nuisible. » Cette pensée, exprimée en ces termes, trouvera peu de contradicteurs; et moi, tout le premier, je lui donne une adhésion entière. Mais, pour le cas spécial dont nous nous occupons, ce profond et savant stratégiste a émis une opinion arrêtée que je connaissais même avant que je fusse appelé à prendre part, pour la première fois, dans cette discussion ; un sentiment de délicatesse très outré de ma part, et très mal apprécié par d'autres, me l'avait fait, jusqu'à présent, garder en portefeuille, mais la nouvelle provocation que je suis forcé de repousser ne me permet plus d'hésiter à la faire connaître.

Quelque temps après les évènemens, le général Berton publia une relation de la bataille du 18. C'est, je crois, le premier qui, sans participation aucune de ma part, et je dirai même à mon grand déplaisir (1), parla du conseil émis à Sart-à-Walain, et des résultats avantageux qu'il pouvait avoir. Avant de faire imprimer son manuscrit, il le confia au général Jomini, avec prière de lui en donner son avis. Celui-ci, après l'avoir lu, le lui renvoya, accompagné d'une lettre dont je transcris ici la copie textuelle :

« Mon cher Général,

« Craignant de garder trop longtemps votre manuscrit, je l'ai
« lu à la hâte.

---

(1) J'ai entre les mains des lettres de ce général, qui établissent la vérité de ce que j'avance.

« Je n'y ai fait qu'une seule note pour vous ; c'est relativement
« aux ordres qu'on donne au général en chef, et qui ne doivent
« pas être des feuilles de route. Je vous garantis (et je l'ai
« prouvé à Ulm et à Bautzen) que, tout petit général que je sois,
« je n'aurais pas débouché par Wavres.

« Au surplus, mon Général, je n'ai rien à dire sur le fond ;
« chacun voit à sa manière ; mais je crois que la forme de votre
« opuscule gagnera en lui ôtant le ton de persiflage.

« Comme j'ai quelquefois péché par le même côté, je suis
« autorisé à vous parler franchement.

« Agréez mes civilités,

« *Signé*, général JOMINI. »

Voici la copie de la note renfermée dans cette lettre :

« Je suis si fort de votre avis que Ney, recevant en 1813 l'or-
« dre d'aller à Berlin avec trois corps d'armée, je refusai de
« mettre ma signature comme chef d'état-major à un ordre qui
« devait tout perdre, et ma ténacité amena les trois corps à
« Bautzen, au lieu d'aller courir à 60 lieues de là. Je fais mes
« complimens au général Gérard ; il a le coup d'œil d'un grand
« capitaine. »

Recevez, Monsieur, l'assurance de ma considération dis-
tinguée.

LE MARÉCHAL COMTE GÉRARD.

Imprimerie de PAUL DUPONT.

www.ingramcontent.com/pod-product-compliance
Lightning Source LLC
Chambersburg PA
CBHW061611040426
42450CB00010B/2429